AF417650

SERIE POIESIS

Francisco Muñoz Soler

Latido íntimo

© Editorial Giraluna R.L, 2019
Primera edición: 2019
Libro Digital
Derechos Reservados

Edición al cuidado de:
Rey D' Linares
reydlinares69@hotmail.com

Diseño de portada:
Carolina Linares
artesgraficas20042009@gmail.com

Impreso en Venezuela por:
Cooperativa Taller Editorial y Literario "Giraluna"
J-29614384-6
editorialgiraluna2008@gmail.com
Teléfono: (+58) 0212-524.25.33

Depósito Legal: DC2018001694
ISBN: 978-980-7257-43-5

CUADERNO DE VIAJES

EN UNA HABITACIÓN
de un cutre hotel
cuyos ventanales otean la frontera,
un cálido domingo en Tijuana
sin nada que hacer,
sólo como una planta en su taza
absorbo como agua
poemas de Bukowski,
he leído unos cuantos
de sus primeros años,
me llega su anarquía,
la lucidez de su poética.

En Tijuana

AGARRADA A LA NOCHE
al amor y la amistad,
bebe, charla, baila, besa,
sus ojos chispados
buscan compasión y esperanza,
quiere que nunca acabe
esta noche rodeada
de personas que la aman.

A Ana en su dolor

En Tijuana

RECORRER MEDIO MUNDO
para inventarme lugares,
recorrer inútilmente
lugares en ninguna parte
para volver conmigo.

En Tijuana

SE ESTÁ DONDE EL DOLOR
nos llega y domina,
sobre ese punto intangible
gravitamos sin remedio
por más que queramos
voltear la Tierra.

En Tijuana

NINGÚN LUGAR ES PARA VIVIR
si no esperas
un beso, una caricia,
un gesto de cariño.

En Tijuana

AYER LEÍ UN POEMA DE BUKOWSKI

decía que una puta
en un servicio a domicilio
se había llevado sus poemas
inéditos y sin copia,

recordé que nunca
había extraviado uno,
imaginé su desazón
y cómo sería la mía.
Premonitorio,
en Tijuana dejé diez,

espero que los envíen
porque como dijo
hay muchos poetas
y muy poca poesía.

En el aeropuerto de México DF

DEJO TIJUANA
su bullicioso centro
de impersonal fisonomía,
su frontera
y sus campamentos de deportados,

su horrible escultura
en la colonia cruda de violencia,

su playa salvaje
con las islas Coronadas
y su valla,

su hipódromo, los galgos
y los Xolos,

su universidad autónoma
y sus privadas,

sus colegios de secundaria
y sus poetas,

sus buenas gentes
y su áspera belleza.

En el aeropuerto de México DF

HOY DÍA DE SAN FRANCISCO
lo celebro en el aire
México, Francia...Málaga

muchas horas en aeropuertos
leyendo, observando, enriqueciéndome
con las múltiples características
de gentes de todos los continentes,

en París hay un grupo de japoneses
casi todos jóvenes, me llama la atención
que todas las mujeres tienen gafas
y parecen asexuadas,

deseo que el progreso
no afecte así a todas,
sería triste

En el aeropuerto Charles de Gaulle, París

GAVIOTAS DE TIJUANA

Ajenas a las corrientes
marinas de Alaska
y los paseantes de la playa,
se entregan al ir y venir de las olas
que rompen en espumas
y dejan al descubierto
manjares que picotean con alborozo,
que trasladan al aire,
dejándose llevar por donde les place,

así son las gaviotas de la frontera
sólo les interesa la valla
para descansar y hacer sus cagadas.

RÍO TIJUANA

Como lugar en ninguna parte
ejerce de tierra de nadie
su cauce seco llamado Bordo,
pues hasta su nombre pierde
el río Tijuana por pena,
madriguera de ratas humanas
inoculadas con enfermedades
perversas, segregaciones
necesarias de los hijos de la pureza
y del dios justiciero que les protege
de los impuros y débiles.

EN LAS SOMBRAS DE UN BAR DE COPAS
me abrazó como si mi espalda fuese un ancla
y nos conociéramos de toda la vida,
su mirada, mixtura de alcohol y amargura,
abría paso a la más triste sonrisa,
su exuberancia tentó mis instintos
y sus ojos serenaron mi lujuria,
en alta mar de la zona roja
nos despedimos sin rumbo.

PASAMAYO

(Perú)

Desde la ventanilla del bus
que cortaba en vertical
la pared de arenas ocres,
proyectaba una mirada tensa
a las vallas diminutas,
o la línea blanca definitiva,
calculando la distancia minúscula
entre ella y las ruedas,
en ocasiones el trayecto se enroscaba
y me dejaba ver a lo lejos
como los acantilados parecían senos
de exóticas dunas que amamantaban
el océano con sus erizadas espumas,
ese Pacífico perfilado bravío
que se acunaba como un chiquillo
en la hipnótica belleza del paisaje.

A   JULIO

MI ESPÍRITU GRAVITA
sobre la indefensión
de mi madre y mi hijo,
sobre la consciencia
de su pérdida de memoria
y el desarraigo
que él no ha elegido.

EN LA COLONIA HERRERA
en un colegio de secundaria
los alumnos leyeron poemas
en un evento de poesía,
uno de ellos expuso
su vacío por no tener amigos,
al finalizar se abrazó
a su maestra y guardó
el poema en la cartera,
sentí el dolor de Julio
estallando en mis mejillas.

LA ÚLTIMA VEZ QUE LO VI
no quería hablar conmigo,
cuánto dolor, cuánto dolor,
de padre e hijo.

ME DIJISTE, LOS FINES DE SEMANA
son para vivir, para volver,

cómo hacerte concebir
en tu mente de niño
que debes luchar, superar
las fronteras que nos pone
la maldad de los hombres,

hijo, cómo llegar hasta ti
si te oculté la verdad
y probablemente no me crees,

entonces dime
para qué sirve ser padre.

SIGUE ESTANDO PRESENTE EN MÍ
la sensación de sus brazos
agarrados a mi espalda
y sus piernas enrolladas
a mi cintura, conectados
por el calor de cariño
de nuestros pechos,
mientras caminaba por la calle
mirándonos, besándonos,
como si el mundo fuese
testigo de un amor indestructible.

QUISIERA HALLAR UN ÁNGEL
que le dé a mi hijo
un abrazo y un beso de mi parte,
que le diga que le echo de menos
y que lo quiero, que lo quiero muchísimo.

UN FIN DE SEMANA
en casa, como muchos,
este lo siento distinto,
hablaré con Julio
que me echa de menos,
le daré ánimos y le pediré
la fortaleza que no tengo,
este fin de semana
lo siento diferente,
complejas sensaciones recorren
la atonía que me envuelve
produciendo ondas
en el centro de mi origen.

EN ESTA MAÑANA DE PRIMAVERA
mi amor se resigna a una breve llamada
que sustituirá al más esperado de los besos,

mi ser se recogerá en torno al sonido de su voz
y nuestro congénito amor en la distancia.

A Julio en sus quince

UNOS PADRES JÓVENES
miran a través de las rejas
del patio del colegio
a sus niños pequeños
en sus primeros días de clase,
expectantes, enternecidos
por sus autonomías mínimas,

me vi, cuando desde un altiplano
divisaba el patio del colegio de Julio,
buscándolo entre todos
mientras con sus cinco años
se quedaba solo en el aula
con una tristeza sin límites.

COMO SI EL TIEMPO
estuviese detenido
y la secuencia de los días
transcurrieran paralelos
al inalterable sentimiento
que sostiene mi alma,
al amor sin limites
que me da significado,

como un monolito
se alza sobre mi resignación
oteando el huir de mi presente,

diseñando un bucle que envuelva
espacio y tiempo
convergiendo en mi centro,
regresando mis mañanas
ajenas a su ausencia.

A MIS PADRES

EN UN ATAQUE DE DESESPERACIÓN
grita en el pasillo
¡Dios que has hecho conmigo!

No se resigna y me pide
le encuentre un médico,

un poco de consuelo
calma su desesperanza,
bebe y calla,

se acomoda en la cama
mientras la bruma gana espacio
en su cabeza y su alma,
dan las cinco de la madrugada.

PARALELO A SU CEREBRO
se empequeñece mi ánimo,
cada día soy más diminuto,
más insignificante, más lerdo,

en nada puedo ayudarla
mientras como un rayo
se le escapan los recuerdos
entre lágrimas de impotencia.

CÓMO JUZGA DIOS A LA PERSONA
si pierde su dimensión más profunda
su memoria,
la consciencia de sus actos.

35

CÓMO PUEDE UNA PERSONA
ordenar sus pensamientos,
sus aspiraciones, si actos
que hizo hace cinco minutos
han desaparecido de su consciencia,

en qué espiral laberinto penetra su identidad
pilar básico de su naturaleza,

su alma qué actitud muestra.

DESPUÉS DE DORMITAR UN RATO
jovial me pregunta, qué edad tengo,
ochenta u ochenta y uno,
ochenta y uno le respondo,

y estoy bien para esa edad
porque se han sorprendido
que haga sola la compra
y les he dicho
que todavía me acuerdo
donde está el mercado,
sonriéndome con sorna
mientras asiento,

y con ingenua satisfacción prosigue
con sus pensamientos simples
y sus afectos sin límites.

DESPUÉS DE ZAMPARSE MEDIA CAJA DE PASTELES
con el azúcar hirviendo en sus venas,
negando a voces con tono de niña indefensa,
me amenaza con ir al médico, le digo,
le dirás que te has comido los pasteles y me dice
le contaré que me has maltratado el brazo,

irá a buscar una Autoridad que le devuelva
la autoestima y los recuerdos que le están quitando.

QUÉ RAZONAMIENTOS Y EMOCIONES
puede albergar mientras tiene consciencia,
cuando aún nota la opacidad en sus recuerdos,

qué puede hacer camino del olvido
además de rezar a su virgen
y pedir que sus cenizas vuelen
sobre los campos donde nacieron sus hijos

CON ESPIRÍTU DE NIÑA
disfruta coloreando
el dibujo pálido,
con cariño, para que regresen
los recuerdos originarios.

LLEGAR A CASA
y encontrar a mi madre
coloreando un dibujo
con instinto de niña,

llegar a casa
e invadirme lo primitivo
como un círculo
me eleva venciendo la gravedad.

DE LA CÓMODA HABITACIÓN
partió una gris tarde,

a través del cristal
que dejaba ver su rostro
repetidas veces
escanee con mis ojos
su última imagen,

partió una gris tarde.

A mi padre, en su memoria.

AUSENCIA DE COMPASIÓN

LA CARA VISIBLE

La cara visible de la opresión te llamará radical
por querer vivir con dignidad, perpetúa la injusticia
con leyes necesarias para ese bien común
que debes sostener con educada desgracia
servidumbre programada por invisibles
que condicionan para que no te rebeles
y sigas formando parte de la cadena trófica
de anzuelos imantados con mendrugos de codicia,
la cara invisible de la opresión me tienta
para que no te alerte pero te digo:
reconoce el anzuelo y escapa.

TENGO LA SENSACIÓN
de vivir en un mundo
de desconcierto programado,
donde las personas buscan
entre desesperación y esperanza,

un caos de hormiguero
donde las personas necesitan
sentirse acogidas en un grupo,

le es cómodo obedecer
a una Voz Autorizada
en una sociedad de cínicos
que imponen sus dogmas
a tristes seres primitivos.

ASPIRO A UN MUNDO IRREAL
donde las personas no se comporten como tales,

deseo que la crueldad y codicia
sean sustituidas por bondad y compasión,

ingenuo, me digo, aunque me consuelo al constatar
que la crueldad está atemperada en estos tiempos.

NO HAY NADA MÁS PELIGROSO PARA EL PODER
que el miedo absoluto y la esperanza diáfana,

por eso los poderes aprietan pero no ahogan
y dan un trasluz de esperanza.

BASAR LA EXISTENCIA HUMANA
en un dogma que coarta
la capacidad de germinar
iniciativas enriquecedoras
para los espíritus
convirtiéndolos en entes pasivos,

lacayos de un orden impuesto
por hombres que se benefician
de un supuesto ser increado,

es negar la esencia
la inconformidad del ser humano,
su capacidad de transformarse
y transformar su ámbito.

LAS PERSONAS
nunca encontrarán sus esencias
en los dogmas.

NO EXISTE NADA MÁS PODEROSO QUE EL PASADO
ni siquiera los dioses lo pueden cambiar
aunque envían secuaces a desvirtuarlo.

CARTAGENA DE INDIAS

Paseé por sus calles
de amurallados palacios
vestigios de un imperio,

paseé por sus áridos caminos
orillados de derribos
y casuchas desvaídas
en dirección al desamparo,

caminé por Cartagena
de postales de turistas
y de humillante pobreza.

LA CASA DE FAYAD

Cruzando Guayos acompañado de Isbel,
absorbiendo hasta el mínimo hálito de vida,

le pregunto por la casa de Fayad y me dice,
estaba en esa calle pero se desmoronó,

giré el ánimo protegiendo mi imaginario,
refugiándome en las estrellas que me iluminaron
en el observatorio de su azotea repleta de sueños,
donde fulgen los cimientos de la casa de Fayad
y las ilusiones de los ciudadanos de Guayos.

EN UNA CONVERSACIÓN ENTRE AMIGOS
uno de ellos a sus setenta años
recordaba con ironía su noviazgo,

de cómo se reprimían por temor
a represalias por sus pecados,

se lamentaba con desencanto
de cómo le robaron hermosos abrazos.

DETESTO a los caritativos que con sus actos promueven la injusticia y se apropian de un dios
a su medida que les facilita la represión en todas sus variantes.
 La miseria es la sublimación de la maldad humana.

LA CUALIDAD que pone en valor al ser humano es la compasión, le posibilita identificarse con
el dolor del prójimo, fundamental para la convivencia.

DESHUMANIZAR AL OTRO
para justificar
los actos propios,

convertirlo en objeto
para relativizar
la ausencia de compasión,

revestirlo de pecado
para dar sentido
a la crueldad.

ME SUPERA EL APRECIO GRATIFICANTE
que conceden perversos dogmatismos
a varones que hacen suyas vírgenes,

algunos ofrecen gozosos la vida
creyendo les espera un redil
con inmaculadas complacientes,
no sé si en ese paraíso
se sustituyen o desaparecen,

o ascienden en jerarquía
despojando inocencias antes que su ser
pueda alumbrar el don de la vida,
si destruir la pureza les acercasen
a la magnificencia de un dios,

me superan sus instintos depravados
y sus miedos a las mujeres.

DOSCIENTAS INOCENCIAS ESCLAVIZADAS
por la crueldad sin límites de la codicia,

amparada por una fanática interpretación de fe,
de seres que no conocen la compasión,

porque nunca han amado.

COMO UNA NEBULOSA
me envuelve una información,

la tierra será engullida
por el sol,

dónde está el paraíso.

AYER ME INVITARON A UNA FIESTA
se celebrará con cantes y bailes
la pedida de una niña,

es sobrina de quien me invita
que con la boca pequeña
me dice que no hará eso con su hija,

su hermano gitano de casta
ya ha ido al colegio
para que la dispensen de asistir
y no tenga relaciones con varones,

en un año se casará y en dos será madre.

BAJAN LA CALLE
del barrio deprimido
tres chiquillos árabes
con su abuela delante,

son casi las nueve
hora de entrada al colegio,

los hermanos
caminan flotando
con amplias sonrisas
y gestos de alegría.

LATIDO ÍNTIMO

LA MEJOR FORMA DE VIVIR
es sustentar las acciones con amor,

dotar de cariño el sentido de aventura
de nuestro latido íntimo,

con caricias los esfuerzos son más livianos
porque su aleación de armonía
brota de lo mejor de nosotros.

ABRAZAR LA VIDA, FORTALECIÉNDONOS
con nuestros principios,

ver más allá de las tristezas
manteniendo el asombro,

esparciendo nuestras esencias.

CÓMO SERÁ LO ETERNO
presente sin mañana
quietud sin espacio,

despojado de pérdidas
sin el vuelo de la belleza
ni el aguijón de la pasión,

sin espacios de luz
para la imaginación
y los conocimientos,

inacción sin límites
de desesperanzado soliloquio,
clamor de lo primigenio.

TRÁNSITO DE CERTEZA EN LA INCERTIDUMBRE
son nuestras vidas,

el ser humano está dotado de la imposibilidad
de conocer su destino cuando sea finito,

es la miseria de su grandeza.

REGRESAR AL ORIGEN

Miro a la mar desde mi casa
intentando hallar un instante de éxtasis,
un nirvana minúsculo, entregado a mi visión
con la mente en calma el silencio
toma cuerpo con un sonido
preciso en su textura y denso en su germen,

esa misma mar que bañó mi infancia
diluida en un marasmo de evocaciones
alimenta el océano de mis propósitos
regresando a mí convertida en fundamento,
instándome a volver al tesoro de mis días
desprovisto de vanidad y nostalgia,

ave de luz en gravidez cuántica
con sus sutiles alas supera
el temor del mañana que aguarda,
con sus huellas me regresa
al magma del lejano principio
de mi edad vencida, al origen.

COMO SI CON LA FOSFORESCENCIA DE LOS DÍAS
rodasen por el cráter del alma,
asentándose en mi quebrada planicie
e interiores hendiduras fuesen referencias
en la estructura de mi identidad
en mi intento de compilar el collage de mi persona,
así siento la levedad de mi espíritu,

ahora que conozco demasiados muertos queridos
empiezo a no sentir tan terrible la muerte
y a conocer el camino de mi centro,
ese punto de condensación donde evolucionaré
en fulgor de aurora.

EL SENTIMIENTO DE VACÍO,
de orfandad
que deja la muerte
de un ser querido,
es tan terrible

nos dice

esta es la realidad
no hay vuelta atrás
ni siquiera los dioses
lo consiguen.

NOSTALGIA

No aceptar la difusa
sensación de ser incompleto,
no sublimar el anhelo
y ser finitud inasible,

dar sentido a nuestra ánima

arraigar en el alma
 la fe en el futuro,
que sea descanso en la pasión
de sentirse vivo.

DÍAS DE NAVIDAD

El nacimiento del niño Dios
ha traído las primeras lluvias
de otoño en invierno,

ha amanecido en densa penumbra,
el chapotear del agua
expresa con algarabía sus sonidos,

escucho que ha habido un incendio,
la falta de electricidad regresa
la mañana a otros siglos,

en escasa luz alumbro mis pupilas
con la poética de Ted Hughes
adentrándome en su andamiaje de cartas,

antes he realizado cosas sencillas
como calentar café en un jarrillo
y reconfortarme en otra lectura,

la mañana se despereza de la bruma,
sigo sin poder conectarme al PC
para saber si mi hijo ha contestado a mi correo,

mi madre relata cómo almorzó hace sesenta años
cuando no se acuerda qué hizo hace cinco minutos,
por la ventana observo la calle entumecida,

he acudido al celular para saber la hora,
envío una foto por Instagram,
distraigo mi ánimo con actos superfluos,

llegan mis hermanos, cuñados, sobrinos,
siento la ausencia de la electricidad
y los besos y caricias de mi hijo,

han dado las tres, mi hermana me llama,
como un autómata me dispongo a acudir,
la tristeza colapsa mis venas.

HERMOSO DÍA FESTIVO,
he aprovechado
para levantarme tarde,
una de esas noches
que me digo
me levantaré cuando Dios quiera
y así ha sido,
me preparé el desayuno
e insulina a mi madre,
repasé poemas en la mañana
y en la sobremesa
me fui a la cama,
después en la tele
me entretuve con un partido
y tras la cena y administrar insulina
puse una peli del oeste
acompañado de mi madre,
me fui a la cama temprano
para dormir seis horas
en un hermoso día festivo
de dolor rutinario.

HASTA TRES VECES
se truncó mi viaje,
fui aplazándolo
hasta crear un indicio,
una señal, un vínculo,

hasta tres veces
nombré Gibara,
renuncié con un pesar
que aposentó en mí
sus arenas negras
y el asombro que nunca tuve.

CON LA MIRADA EN LOS NÚMEROS DEL AÑO

Como cuerpo extraño me golpean
dos mil trece, dos mil trece golpes en mis ojos,
ayer era mil novecientos setenta y ocho
y me imagino el año que seré mayor,
lo cercano que será mañana, lo cercano.

SABER MIRAR
para elevarse
y en el vuelo
extasiar la mirada
en la memoria,

dejarla viva
sin que el tiempo
añeje la sustancia,

saber mirar
para sentirse vivo.

RESUENAN EN MIS OÍDOS
las herraduras de las bestias
bajando por el camino empedrado
hacia las cuadras en el fondo,
las agonías de los cochinos
resistiéndose hasta lo último,
aún crecen en mi memoria
los frutos de los árboles
higos, naranjas, moras, limones
y el parral con su agradable sombra,
la presencia de mi imponente abuela
a pesar de sus años
desprendía un aura fortificada
que la muerte convirtió en mármol,
mis recuerdos en aquella casa
los protejo no volviendo a ella
y nos lo sepulten las cenizas
de los rescoldos de sus voces.

ESTA MADRUGADA CAMINO DEL TRABAJO
escuchando la portada de las noticias
recibí la triste sacudida del fallecimiento
de una figura de la divulgación artística
que forma parte de la iconografía
de mi imaginario, prueba tangible
de que está mudando la piel
la España a la que pertenezco.

TEMPLANZA DE TARDE LÍMPIDA
de sazón de luz precisa,
donde los colores aún se contienen
en el arrebato de su cenit
y el aire con murmullo tenue
extiende consistente los aromas,

esa pureza contemplo
en el paseo de la belleza.

DEFENDER SU ESENCIA,
la impronta de pureza de niño,

inocencia y rebeldía sin límites
hasta sus últimos días,

con creatividad singular,
fresca, hermosa,

en eso consiste ser artista.

inocencia y rebeldía sin límites
hasta sus últimos días,

HALLAR EL PUNTO EXACTO
donde la poética queda suspendida

ese espacio mágico de encantamiento
nos abre dimensiones

que sólo los humanos
somos capaces de traspasar.

LOS COSMÓLOGOS INQUIEREN
en el paradigma del génesis,
búsqueda de la verdad definitiva,

teorizan un tiempo anterior
a la gran eclosión,
valientes peregrinos al origen.

DECÍA CAMUS QUE NO HABÍA NADA MÁS ABSURDO QUE MORIR EN UN ACCIDENTE,
convencido no del sin sentido del mundo sino de la falta de
sentido del mismo
un día antes de morir en un absurdo,
tan fulminante que ni siquiera lo intuyó diez segundos
antes.
Por eso es tan importante vivir la vida con dignidad entre
dolor y belleza.

EL MUNDO ESTABA BASTANTE TRANQUILO
[CUANDO NACÍ

así comenzaba un monólogo Facundo Cabral,
era tan tranquilo que su vida fue una aventura
desprovista de anclas materiales
pero repletas de intangibles armonías,
no podía morir de otra manera que del mismo absurdo
que su esposa y su hija, en una tranquila avenida
camino del aeropuerto de Guatemala,
sicarios lo mataron junto a un empresario.

ME LLEGARON POR DOS FLANCOS DISTINTOS
pero desde el mismo origen,
Camus y Facundo venían tan ligeros
que podrían colmar el mundo,
tan honestos y lúcidos
que podrían vaciar los egos,
tan huérfanos de resentimientos y envidias
como avaros de libertad.

RECUERDO TU FRAGANTE LOZANÍA,
la profundidad de tus besos,
el ardor de tus caderas
y te vuelvo a desear,
en mi mente una pulsión
regresar a tu sonrosado espacio
al alcance de tus caricias,
te amé con mi físico menguado
y mi amor fuera de tiempo
pero como si fuese real,
aún recuerdo nuestros placeres
cuando lo dejé todo para seguir vivo,
te vuelvo a desear.

EL MAL SE INSTALÓ EN MI CASA
debajo de sus cimientos,
como un pozo salobre
irradió por todos sus costados
y por más que intenté regenerarla
el salobre enfermó mi casa,
yace abandonada a la espera
de que la exorcicen,

sé que tengo un hijo,
años de dolor infame
y que el mal recorrió
mis días y mi sangre.

MIENTRAS SEA CAPAZ DE AMAR LA VIDA TENDRÁ
[SENTIDO

Despedí el año con amargor y con pesadumbre, empecé el novísimo día abriendo la ventana y un espléndido sol inundó mi habitación, ni un sonido, como si la mañana aún no hubiese parido la vida; bajé y en el salón un rosco de vino con su envoltorio de entonces, de papel con lunaritos azules en fondo blanco, con liturgia lo desenvolví, mi paladar notó el exquisito placer de un sabor que sólo se halla en las moléculas del amor, el vino de Málaga se expandió por todo mi ser recordándome que nada ni nadie puede arrebatarme mi capacidad de amar.

AUSENCIA DE COMPASIÓN

LATIDO ÍNTIMO

www.ingramcontent.com/pod-product-compliance
Lightning Source LLC
Chambersburg PA
CBHW061248140726
47998CB00006B/2142